JN438585

빈 커피 잔에
머무는 바람

오영란 시집

오늘의문학사

❑ 자서(自書)

시인의 마음으로 세상을 바라보면
눈에 머무는 모든 것들이 애틋함이고 감동입니다
그 애틋함이 심장에 고여 나를 적시고
영혼의 샘을 출렁이게 해 심한 몸살을 앓습니다

시를 짓는다는 것은
끝없이 비우고 비워내는 일

퍼내고 퍼내서
영혼을 맑게 하는 기도입니다.

억겁의 인연 속에서 맺어진 아름다운 인연들
그 소중한 인연인 그대에게 점 하나로 기억되고파
작은 선물을 드립니다.

2011년 늦가을에
오영란

‖ ‖ ‖ ‖ ‖ **차례** ‖

1부_ 아픈 너에게

2부_ 가을, 그 쓸쓸함에 대하여

3부_ 그 바다의 기억

4부_ 혼魂불

1부

아픈 너에게

여정旅情

유턴(U-turn) 할 수 없는 지나온 길
백미러(rear-view mirror)로 살짝 훔쳐보고
앞만 보며 달리는데

푸른 잎 돋는 찰나
붉은 잎들 아우성치는 교차로
어둠 속으로 꽃잎 떨어져 내려도
책임지지 않는 비보호 좌회전

비가 내릴 뿐이지

삶도 사랑도 그런 것인지 몰라
이별에 아픈 우리는
먼 수평선 위로 피어오르는
또 하나의 계절 앞에 설렘으로 서 있고

커피를 마시며

햇살이 시리도록 고운 날
커피를 많이 마시는 것은
영혼 어디쯤엔가
진눈깨비에 젖고 있기 때문이다

까칠한 목 줄기 타고 흘러
심장까지 데워주는 커피
알 수 없는 것은
마실수록 더욱 간절해지는 그리움.

푸를수록 고요한 산은
낮게 내려와 물빛으로 눕고
깊을수록 적막한 강은
산 그림자 속내 말해주지 않는데

흔들리며, 흔들림으로 한 세월 견디어 온
강둑 갈대는 무엇을 기다렸던 것일까
찬란한 봄볕에 꽃잎 하얗게 부서지고
빈 커피 잔엔 바람 소리 스산한데

도깨비 방망이

뽀얀 마늘을 도깨비 방망이에 넣고 버튼을 누른다
무거운 신음 소리 한바탕 소용돌이에
통통하지만 아렸던 시간 즙이 되어 흐른다
살다보면 회오리바람 속에 갇혀
몸부림 치고 싶던 순간들이 얼마나 많은가
지독한 몸살 앓은 후
한 방울 즙으로 다른 존재에 스며들어
태풍에 휘말려 바다가 울부짖던 그날처럼
나를 온전히 버리고 싶던 시간들.

가끔은 도깨비 방망이에 넣고 싶다

소주처럼 쓴 기억에는 과일을 넣어 달콤하게
청양고추처럼 매운 일상에는 생수를 부어 부드럽게
익모초처럼 독한 인연의 강에는 햇살을 뿌려 잔잔하게
먼 길 돌고 돌아 비로소 마주한 사랑에는 기도를 섞어 평온하게.

때로는 우리도
도깨비 방망이라 불리는 믹서기(cement mixer)에서 완벽한 하나가 되어 보자.

아픈 너에게

— 호수

흐름을 멈추어버린 너
시를 잃어버린
시인의 쓸쓸함처럼
꿈을 잃어버린
너

바람의 간지럼에도
웃을 수 없고
꽃의 향기에도
출렁일 수 없는
너

단단한 응어리
숨 가쁜 재채기로 토하는 날

비가 내렸으면 좋겠어
붉은 상처
말끔히 씻어 내리고

너와 나
흠뻑 젖고 젖어

강으로
푸른 강으로
흐를 수 있도록

침묵의 강

잔잔한 물결 위로
흩어지는 잔상들

꽃잎
가벼이 흩날리다 잠들고.

침묵의 강 한가운데로
돌아눕는 사랑아!

가시연蓮

꿈속에서도 날갯짓 하는 슬픔은
잠든 풀 섶 사이 누비며 출렁인다

심장의 반을 다른 향기 품고 있는 호수는
안개를 휘감아 속내 감추는데

눈물 없는 아침이길 기도하며
호수 한 켠에 꽃 피운 너!

꽃으로 피었어도 아픔 떨구지 못해
작은 몸 가득 하얀 가시를 품고

결 고운 빗줄기에도 몸살 앓는
가시연蓮
나는 너를 슬픈 詩라 이름 짓는다

어둠 숲에서

어둠을 갉아 먹는 초침 소리
고막이 터질 듯한 굉음으로
불면을 사로잡고

여명을 향한 시간의 손길은
새벽 4시의 목을 휘감고 도는데

꽃 피우는 것을 잊어버린
蘭 하나
낡은 화분에 앉아
향기 없는 눈물 빚는다

상실

잊을 수는 없겠지만
잊힌 듯 살아야겠지
재건을 한다고
이미 재가 되어 버린 사랑
복구될 수 있을까
육백 년의 긴 세월
얼마나 외로웠으면
야윈 심장까지
하얀 재 되도록 태웠을까
아직도 그 자리에
묵묵히 서 있을 것 같은
그대 숭례문이여!
놓지 못하는 아픔으로
잠도 잃고
詩도 잃었나니
메아리 없는 그리움은 어디에

— 2008년 2월 11일 화재로 재가 되어버린 숭례문에

바람에게

속울음 울던 바람이
통곡을 한다
얼마나 참았는지
지축이 흔들리도록 울어댄다

그래 실컷 울어라
나이테만큼 날개 무거워지고
살아가는 이유 많아질수록
눈물은 드라마 속 사치일 뿐이지만
단 한 번도 마음 놓고 울 수 없다는 것
참 슬픈 일이지

살아가는 동안
한 번쯤은 너처럼 주저앉아
펑펑 울 수 있다는 것
얼마나 큰 행복이겠니

나는 알지
시련 속에서도 꽃은 피고
그 꽃잎 흔드는

너는
광기가 아닌 향기인 것을.

사랑 4

그리움!
그것은 이름만으로도
하얀 날갯짓으로 날아가고픈
끝없는 갈망입니다

기다림!
그것은 촛불 하나 밝히고
그대 깊은 심장 속으로 다가가는
숙연한 기도입니다

행복!
그것은 그대와 내가 만나
또 다른 생명을 잉태하는
신비한 우주의 빛입니다

이별!
그것은 두고두고 멍으로 남는
먼 길 돌고 돌아도 돌아가고 싶지 않은
하여, 아파도 아프다고 말하지 못하고
남은 생 그저 하얗게 웃어야만 하는 박꽃입니다

사랑!
그것은 그리움 기다림 행복을 가마솥에 넣고
장작불 피우는 일입니다 너무 뜨거워서
서로의 눈빛 볼 수 없고
서로의 말 들으려 하지 않고
팔짝팔짝 뛰며 서로가 서로를 할퀴다
아궁이에 불 꺼지고 가마솥 식으면
상처뿐인 영혼으로 미워하게 되는 전쟁입니다
심장에 각인되는 푸른 멍입니다
그러면서 후회는 하고 싶지 않은 큰 의미입니다

너에게로 가는 길 2

동그라미를 그린다
일상 속에서 뾰족해진 마음
불면의 강에 담금질하며
푸른 상처 씻어 내리고
동그랗게 동그랗게
동그라미 그리며
너에게로 간다

너를 보내고 2

달빛에도 어둠의 바닥을 보이고 싶지 않던 밤은
아침이 되어도 속내 보이기 싫어 안개를 피워냈나 보다
네가 가는 길엔 눈꼽 같은 안개가 자욱하고,
안개 속 세상 두려워 떠나는 너는 불안해하고
보내는 우리는 애틋한 마음 감추며 미소로 격려를 했지.

짙은 안개 속에서도 앙상한 나무는
가지마다 서리꽃 피워 빛을 발한다
역경의 터널 속에서도 한 점 빛이 있어 달려갈 수 있듯이
너에게는
젊음이라는 특권이 있기에 우리는 너를 믿는다.

너를 믿으면서도
꼭 잡은 손 못내 안타까워 눈시울이 젖어드는 것은
그래도 어쩔 수 없는 부모의 마음이라는 것을 알았지.

논산 육군 훈련소에 너를 남겨두고 돌아오는 거리엔
포근한 햇살이 위안을 주었다
다시 만나는 날
이 나라의 씩씩하고 의젓한 군인이 된 너를 그리며
좋은 생각과 밝은 미소로 건강하길 바란다.

사랑한다는 것은

잔잔한 물결 위에
하늘을 품은 듯
푸르른 상념 속의 수채화
호수도
산도
안개 속에서 고요한데
흰 새 한 마리
애틋한 마음 실어
허공 속으로 아득히 사라지네

사랑한다는 것은
사람의 영혼을 사랑한다는 것은
호수에 번지는 노을빛처럼
그렇게 기다리는 거라고
달맞이꽃은 말하고 있네

깨달음의 아픈 걸음걸음

사랑하고 싶은 사람
온전히 사랑한다 해도
채워지지 않을 삶의 바구니
그 빈자리 한 귀퉁이에
미움이 웅크리고 있는 것은
깨달음의 부족이라
넓은 소매 자락 끝
아롱진 속세
훌훌 털어버리고
하얀 버선
노을로 번지는 고통이어도
당신의 뜻이라면
님이시여!
깨달음의 아픈 걸음걸음
딛고 가려 합니다

상처

햇살 뽀얀 하늘에서도
비는 내리는데
상처로 깊게 흉 진 나무에
어찌 눈물이 없으리

아침마다 파랑새 노래하고
고운 바람 찾아와 보듬지만
살아가며 쓸쓸한 것이 어디 빗소리 뿐이리

가지를 키워 꽃 피우는 일이
때로는
장맛비에 뒹구는 새의 깃털 같은 일인 것을.

아스피린으로도 달랠 수 없는
가시 박힌 통증은 시퍼런 독을 품고 있어

결코 사랑일 수 없었던 시간들은
기억상실증으로 누워 한 백년 앓았으면.

대답 없는 이름에게

예고장도 없이
사바의 강 건너신 당신.

떠나신 날부터 내리던 빗줄기에
세상은 곡소리에 잠겨도
금방이라도 기지개 켜며 일어나실 것만 같은데
꽃상여는 당신의 발걸음 재촉합니다

빈 하늘 수의 자락 휘날리며
훨훨 날아가는 영혼
잡을 수 없어

이젠 소리 내어 부를 수 없는
아버지,
당신의 이름을
흐린 밤하늘 가장 빛나는 별로 심어 둡니다

불춤

마른 논둑에 불을 지핀다
어린 봄의 칭얼거림은 잠시 외면하고
불을 지른다

무채색의 일상이 흔들린다
뜨거운 흔들림은 붉은 날갯짓으로
허공을 날아 꽃 피우고 싶다 하는데,

다 버리고 타오른다면
저 시린 달빛 나라에 닿을 수 있을까
달빛의 손 잡아볼 수 있을까

닿을 수 없어도 좋으리
봄 논둑을 태우듯 한 번 쯤은 태워야 하리

일상을 흔들어놓는 화려한 상념
내 몫이 아닌 것에 대한 갈망
태우고 태워 한바탕 춤을 추자
불춤을 추자

영혼의 울림

느낌표 하나 찾기 위해
한 권의 시집을 항해한다

일백 일십 쪽 행과 행 사이 누비며
나의 웅크린 심장과 너의 그리움이 마주볼 수 있도록 눈을 빛낸다
행여 지워지는 인연 될까 두려워
설렘보다는 두려움으로 헤매는 시간

안개 속 길 잃은 새의 울음소리
진눈깨비 속 신음하는 꽃잎
호수 속 지느러미 잘린 붕어
함께 아파하고 치유하며

멀리 있어 보이지 않아도
시詩 한 줄의 울림으로 전해져 오는 영혼의 노래.

2부

가을, 그 쓸쓸함에 대하여

감기

달빛 한 줄기에도 신음하는
귀뚜라미 깊은 상심

단지 가을 병이라고 말하고 싶지 않은
이 열병을 바람은 알까

서녘 하늘에 피는 열꽃이
못내 서러운 까닭을.

가을 예감

삭지 못한 지난해의 낙엽
갇힌 그리움처럼
발 아래 밟혀 신음하는데
애써 풀려 하지 말고 남겨 두라
바람은 타이르고
애써 버리려 하지 말고 간직하라
흰 구름 귓불에 속삭인다.
깊은 곳으로부터 솟아
백만 개의 혈관에 푸른 꿈 심고
뜨거운 강 헤엄쳐
마침내
바다에 다다를 날 있으리니.

가을앓이 1

여름내 보듬어온
사랑
이파리마다 붉게
문신처럼 새기는 날

가늠할 수 없는
고독의
깊은 이랑 사이로

비가 내리고
비가 내리고

비구름 사이로 숨어 흐르던
달빛
목젖에 걸려
울컥 치솟는 눈물

가을앓이 2

애써 잊고 살았던 계절은
구월의 문턱을 넘기도 전
잠속까지 따라와 뒤척이고

바람의 푸른 눈빛은
차가운 심장에 꿈을 심는다

별빛의 아우성에도
달맞이꽃의 짙은 향기에도
흔들릴 수 없는 나무 한 그루

타오르고 타오르다
마지막 한 잎의 그리움 질 때까지
깊은 침묵의 강 건너리니

그대여
흘러가라
가을이 흘러가듯 흘러가라
그대 떠난 자리
저무는 강둑 아름다운 노을빛으로 기억하리니

가을앓이 3

잔잔한 듯한 일상에 통증이 느껴져
현기증 나는 삶
흔들리지 않으려 눈 꼭 감고
귀를 막아도

생각이 마음이 심장이 소리쳐
꽃은 비명 없이 지고
나무는 붉은 상처 끌어안고도 의연한데

밤마다 숨길 수 없는 네가 울어
심장이 조여와 숨을 쉴 수 없는데
버리고 버려도 버려지지 않아 슬픈 이름이여
야위어가는 달빛이여

짧고도 깊은 인연으로
감빛 가을이 흘러간다

가을 애상

푸른 계절 보내고 가을빛으로 물드는
숙연한 플라타너스
뜨겁지도 차갑지도 않은 절제된 열정으로
이파리 보듬는 부드러운 햇살

행여 다 태우지 못하고 잎 떨어질까
가지 사이 조심스럽게 스치는 바람
가을엔 미물도 숙연함으로 제 몫을 채워 가는데
깊어가는 계절 앞에서 우리는 얼마나 진실한가.

고독이 무서워 혼자이기를 거부하면서
상처가 두려워 만남에 빗장을 걸고
눈물이 싫어 그리움 묻어버리는
우리는 무엇을 할 수 있을까.

훗날
앙상해지는 나무 사이 스산한 바람 소리 들으며
혼절한 낙엽의 무덤을 보며
창백한 심장의 반쪽을 쓸어내리는 일 뿐.

달빛에 놀라 눈 뜬 새벽에

몽유병자처럼 상념 속을 헤맨다
낙엽 쌓인 숲을 달리다 그만
미끄러져 쓰러진다
등 아래로 깔린 낙엽들이 아프다 한다
나도 아프다
계절의 상처가
야윈 등뼈를 타고 시린 바람 소리를 낸다

눈 감은 기억 속에서 출렁이는 강물
기억 속의 강은 언제나 우울 빛 안개를 토해냈다
강둑엔 할미꽃 제비꽃 앉은뱅이 꽃과 같은
키 작은 꽃들만 안개를 휘감아 꿈을 키웠고
물새 한 마리 안개 벽에 갇혀
매일 밤 날개 짓에 지쳐 쓰러졌던
짙은 안개 속의 그 강

눈을 뜬다
눈썹 가득히 맺힌 물방울 때문에
가난한 나뭇가지 사이 하늘빛이 아득하다

침묵 속의 가을

나무 가지 끝
위태롭게 대롱이던 홍시
마침내 떨어졌다

조심스레 싹 틔우던 기쁨
소담한 꽃 피워 행복했던 시간
운명의 지팡이에 휘둘려
심장까지 태우는 지독한 홍역 앓더니
첫서리 내린 아침
온통 감빛으로 홍건하다

사람 사는 세상
어찌 이리도 붉단 말인가
시작을 알리는 태양도
이별을 고하는 노을도
붉게 타올라
타오르다가
허공중에 눈물꽃 뿌리는
사람의 인연因緣

서리 밭의 홍시 눈물겹고
입동 속의 가을 아리다

긴 침묵의 계절 지나고
봄이 오면
떨어진 꽃잎의 미소는
그대의 기억 속에서 지워지겠지.

그리움 태우기

낙엽을 태운다
찰나의 꽃으로도
피지 못하는 바람

노을 지는 들판 위에서
연기로 흩어지는
아득한 기억들

가을이 슬픈 것은
이별이 아니라
잊어야 한다는,

피멍든 상처들
산처럼 쌓아놓고
그리움과 함께 태운다

다시는 꿈꾸지 않게
빗물 한 드럼 뿌려둔다

봄을 기다리며

한낮이 되어 눈 뜨는 아침
다시 눈을 감는다
어둠 속 작은 눈썹 이슬에 젖어 파르르 떨린다
운명이라 생각하면
용서할 것도 서러울 것도 없다고 생각하지만
순간순간 슬픔은 우박이 되어 심장을 때린다

이제 그만 기지개를 켜야겠다
이제 그만 우기의 숲에서 하늘을 봐야겠다고 다짐하지만
겨울 소나기처럼 예고 없이 내리는 눈물은 어쩔 수 없다

봄이 오면
그래 봄이 오면
피멍 들어 떨어진 이파리 흔적은 사라지고
나뭇가지에는 새순이 돋고 꽃이 피겠지

마지막이라는 말 하지 않았듯이
그립다는 말 또한 하지 않는다

잊는다는 것 2

회오리바람 속에 홀로 서 있는 것
붙.박.이.별.에 대한 그리움 사그라질 때까지.

안개비 내리던 날

코스모스 하얀 꽃잎 위로
안개비 내리던 날
기도는 눈물이 되고

손가락 끝에서 달아난 약속은
나뭇가지 위에서 태연스레 펄럭이는데

변한 것은
사랑이 아니라 세상이라며

추락하는 믿음 한 올
돌돌 말아 속주머니에 밀어 넣는다.

달빛 속으로 가을이

창밖에서 서성이던 바람이
가을을 휘감고 춤을 춘다

이젠 떠나야 할 시간이라며
꽃들은 이별가를 부르고

앙상한 가지에서 가을을 지키던
홍시 하나
말없이 떨고 있다

창백하게 쓰러져가는 달빛 속으로
바람과 함께 가을이 간다

9월의 한 귀퉁이에서

충혈된 신호등 속에서
우뚝 선 그대
무엇을 말 하려는가

그대 갈망과
나의 외로움
만나는 곳에는
그리운 만큼의 거리가 있는데

보라, 기다림 저편에서 부서져 내리는
소리 소리들

우리들 본연의 고독은
사랑으로도 위안 받지 못하는
절망 빛 구름인 것을 처음 알았다
9월의 마지막 하늘 아래 한 귀퉁이에서

달맞이꽃

달빛 짙은 사랑앓이에
눈 먼 듯
귀 먼 듯
기다리기만 하더니
붉은 상처 강둑에 걸어놓고
헤진 날갯짓으로 떠나는
너
눈물마저 잃은
벙어리 사랑꽃

3부

그 바다의 기억

바다의 봄

멀어져가는 썰물의 그림자 뒤에서
허리 굽혀 바지락 캐는 아낙네들
손끝으로 전해지는 아픔쯤이야

시린 겨울 햇살 치마폭에 휘감고
시린 바람 휘휘 내몰던 계절도
이젠 아련한 추억이 되는 걸

황량한 바다 한 귀퉁이에서
씽긋 웃는 봄 햇살은
아낙네들 굽은 등에서
아지랑이로 피어오른다.

갯마을 철 이른 코스모스의 독백

갯바람에 그을린 하루
훌훌 털어
몽돌 위에 펼쳐 놓으면

어둠이 달려들기 전 부르고 싶었던
그리움 하나
노을빛으로 타오르다 바다에 눕고,

먹장구름으로 일렁이는 깊은 밤
별이 되지 못한 이름은
밤 새 이슬로 내려와
철 이른 꽃잎 위에서 반짝입니다.

오뉴월 땡볕 속에서
꽃 피운 나를
주책이라며 손가락질 하지만

심장까지 멍든 외로움에
잊혀진 계절 품고 사는 가슴을
그 상실감을
사람들은 모릅니다.

달맞이꽃, 그 기다림에 비는 내리고

가슴으로 우는 것을 배우지 못한
하늘은
연 사흘 통곡을 하고

지상에 다다르기도 전
달빛은 기울어
어둠은 비에 젖는데

천년의 기다림으로
어둠을 사르는 달맞이꽃 향기
하, 애틋하여

바람도 사뿐사뿐 까치발로 지나간다

아롱이

장마와 함께 아롱이는 해산을 했다
가슴 속 맺힌 응어리 쏟아내는 하늘처럼
열두 마리의 생명을
넓은 세상 밖으로 던져 놓았다
눈물인지 축복인지 모를 빗물은 밤새 퍼붓고
빗소리에 갇혀 신음 소리도 들리지 않았다

그 작은 몸 안에 열두 개의 우주를 품고
오뉴월 땡볕 견디며 꿈 심었을 아롱이
혼자서 얼마나 힘들었을까
사흘 간의 사랑 놀음만 즐기다
또 어딘가로 떠나버린 역마살 낀 수캐는 잊은 듯하다

사랑이라는 이름으로 기다린다는 것이
얼마나 허망한 일인지 아롱이는 알았던 것일까
운명이려니 여기며 사랑보다 먼저
체념을 배운 아롱이
빗줄기만 하염없이 바라본다

지난겨울 산후조리 중 큰 수술 받은 몸으로
채 눈도 못 뜬 아가들 행여 굶길세라

먹지도 못하는 생선 주워 나르며
이제 그만 하늘이 슬픔 거두기만 기도한다

풍경 4

바다가 있고
새벽잠을 설친 고기잡이 배 누워 있고
옆으로는 길게 다리를 뻗은 방조제
저 멀리에는 작은 산들이 오손도손
그 위로 솜털구름, 뭉게구름 사이좋게 노니는데

허전하다

저 산마루에 노을 한 자락 춤을 춘다면…

그 바다의 기억

동경의 대상이었던
바다는
삶의 현장이 되었고

더 이상 동경의 대상이 될 수 없게 된
바다는
떠나라 떠나라 밀어냈고
아니, 내가 바다를 떠났고

이제 그 바다에서의 기억은
전설처럼 아득하게 느껴지는
돌아가고 싶지 않은
우울한 시간 속의 상처.

서른아홉의 가을

시월의 바람은
칼을 품고 달려드는데
돌멩이 틈새
하얀 홀씨는 왜 날아가지 않는가

더 이상 향기로울 수 없는 국화는
이별 연습을 하고
강 둑 억새는 마른 웃음으로
우울한 계절을 노래하는데

홀로 밤을 태우고 태워
하얗게 삭은 가슴으로
버짐 핀 새벽달은
요동치는 바다 속으로 뛰어들고

서른아홉의 가을은 낙엽 되어 뒹구는데

반란

비를 핑계 삼아 바다에 눕고 싶었다
굶주린 먹구름이
흰 구름을 삼켜버리면
단 한 번의 천둥으로
하늘을 원망하고
순한 비로 내려와
바다에 잠들고 싶었다.

이미 먹구름은 흰 구름을 삼키고
하늘엔 먹물이 튀는데
비는 내리지 않고
하늘 아래는 너무 조용해
오장육부가 뒤틀리고
전신의 혈관은 역류하는데
숨이 막힐 것 같은데
장마철인데도 비는 내리지 않아

먹구름의 재채기로 튀어나온
흰 구름 한 조각 반란을 꿈꾼다

겨울 애상

얼어붙은 강 맴돌다
쉴 곳 찾아 헤매던
청둥오리 떼
얼음판 위에 앉아
물빛 속의 추억 그린다

언 날개 푸덕이며
하늘 한 번 보고
깨지지 않는 빙판 쪼아대며
떨구는 눈물 고드름 되지만

슬퍼 마라
이 계절 갈 곳 없는 것이
어디 너뿐이냐

떠돌던 어부의 노래
술잔에 기울다가
앞산 얼음바위로 굳었는데

그 바다의 추억

물속의 별빛처럼
흔들리던 눈빛

바람은 파도를 불러
그 바닷가의 시간을 지우지만

그대는
새 달력 뒷면에 피어오르는
주머니 속 그리움

바람은 지나고

바로 설 수도 없는
남루해진 의식을 부여잡고
은밀한 바다로 뛰어들던
지난 새벽의 광기

비바람을 잠재운
나룻배 한 척
고즈넉한 눈길로
바다를 지킨다

바다 일기 2

고요했던 바다에
강풍이 몰아친다
천 년을 두고
흔들릴 것 같지 않은 바다가
몸살을 앓는다
주체할 수 없는 신열로
열꽃이 피고
참았던 분노가 지구를 흔든다
굶주린 맹수처럼
표류하는 배들을 삼켜버리고
다시 으르렁대는 바다
가난한 어부들의 한숨이
가을비 되어 흘러내린다.

바다 일기 3

태풍을 예보하는 아나운서 목소리
거미줄에 걸려 멀미를 하고
장마철엔 금값이라며
배추 채소 사는 아낙들 치마폭에
부식 차 아저씨는
해바라기 웃음으로 마을을 누빈다

심술쟁이 바람은
비릿한 바다 냄새 뿌리며 달아나고
갈매기는
밑반찬 준비에 분주하다

가난한 어부는
처음 장만한 작은 어선
행여 태풍이 삼켜 버릴까
조바심치며 바다로 달려가고

흑 구름에 녹아내린 태양은 비가 되어
견고한 거미줄을 뚫고 질주한다
후두둑 후두두둑…

— 2002년 7월 4일 라마순 전날에

새벽바다

어둠을 밀어내고
출항하는 배
타협을 거부했던
등대도
고독을 버리고
하나가 되는 새벽
돌아오는 만선
출렁이는 물고기 떼

밤안개

뽀얗게
대지에서 일어나
고단한 계절을 걸어온
나무를 보듬어
별빛을 부르고
기울어가는 달의 미소 안아주는
촉촉한 2월의
밤
안개.

슬픈 영혼

먹물 짙은 어둠 속에서
오만한 이성은
회한의 눈물로
우주를 적시고

퍼렇게 멍든
영혼은
모체의 양수를 그리워하는
한 마리 가엾은 짐승

추락천사

떨어지는 것은 날개가 있다?
날개날개날개날개…
어디까지 추락해야 날개를 달 수 있는 걸까.
솔밭에는 누런 솔잎들 신음하고
속 빈 밤송이 떨어져 아프고
바람 없는 대낮에도
플라타너스 이파리들 자살하고
용궁에서 가출한 잉어는
땅바닥에 나뒹굴어 죽어 있는데
솔잎에
밤송이에
이파리에
죽은 잉어에
날개는 언제쯤 돋아날 것인가
뻣뻣한 지느러미
윤기 잃은 비늘
어디쯤에서 날개는 돋아날 것인가.

절망

삶
사랑
그리움

결국 모든 것은 쓸쓸한 굴레인 걸
뾰족한 끝으로도 파낼 수 없는 소라의 심장처럼
바다의 눈물로도 띄울 수 없는 섬처럼.

내 안에 황황히 부는 까칠한 바람 때문에
푸른 하늘 볼 수 없고
내 안에 솟아나는 먹물 때문에
맑은 영혼으로 빚어내는 샘물 담을 수 없는 걸.

구정물 속에서 핀다는 연꽃은
어쩌면
동화 속 전설이 아니었을까.

해빙기

호수 한 쪽은 얼음
또 한 쪽은 물결
똑같은 양의 비가 내린다
나무도 풀잎도 낙엽도
봄비라며 즐거워하는데
마음 한쪽 얼음 삼킨 호수는
가버린 사랑과
아물지 않는 상처로 몸살 앓는다

오랜 세월 흐르고
호수 가득 꽃을 피워 놓고도
마음자락은 늘 먼 곳에
노을빛으로 걸어두었으니
어쩌다 웃기는 해도
그대 웃음 뒤의 그림자 짙다

그 그림자 뒤에서
아린 통증으로 웅크린
호숫가의 꽃 아프다

아프다고 소리칠 수 없기에
웃는다 날마다 웃는다

호숫가 해빙기는 언제쯤 오려나

바다의 자식

노을을 잡고 그물을 던지며
손가락 사이로 빠져나가는
희망을 추스르던 사내

술을 들이 붓던 밤이
소나기로도 채워지지 않는 갈증으로
눈곱 낀 새벽을 부르면

뱃놈의 자식이기를 거부했던
지난밤의 객기는
천둥 같은 속울음으로 삼키고

은빛 비늘 출렁이는
그물망 속에서
퍼득이는
생을 움켜쥔다

4부

혼魂불

8월의 코스모스

숨차게 달려온 8월은
골목 끝에서 이별의 손 흔들고

여름날부터 활짝 핀 코스모스는
계절 잃고 현기증 앓는가

가을이 창문을 두드려도
빛바랜 추억 안고 하얗게 미소 짓는데

창백한 그 모습 가여워라.

혼魂불

장작이 타고 있다
한때는 푸른 꿈으로 출렁이며
꽃 피웠을 너

이제
가벼워진 육신으로
아궁이에 던져져
황홀한 빛으로 타고 있다

아직도 못 다한 무엇이 있었던가
성난 듯 타오르는 불덩이는
살아있는 생명체
꿈틀거리는 욕망.

아주 짧은 순간
우주를 삼킬 듯하더니
이내 빛을 잃어간다
너를 바라보는
나의 심장에 생채기가 난다

질곡의 시간이
한 덩이 숯으로 남아
나를 본다

아궁이 속에
숯이 된
네가 있다
내가 있다

우울한 날에는 플롯을 듣자

황사 소식 들려오는 봄날
창백한 하늘가에
피아노 연주를 흐르게 한다
누렇게 뜬 이파리에도
사각거리는 바람의 몸에도
두 사람 사이 눈치 없이 오가는 잿빛 기류에도
피아노 맑은 음성 또르르 구를 수 있도록
굴러간 자리마다 시냇물 흐르고 꽃 필 수 있도록

착각이었다
참다 못한 이파리 화분 밖으로 뛰어내리고
바람의 몸엔 두드러기 검붉다
두 사람 사이에서 침묵 삼킨 갈대는
연신 마른기침 토하며 눈물 글썽인다

실수였다
오늘 같은 날에는
맑고 환한 것은 어울리지 않는다
피아노 연주 시디를 꺼내고
'환상의 플롯'이라고 적힌 시디를 넣는다
더 이상 울 수 없을 만큼 목이 쉰

플룻의 노래가 황사와 어우러진다

기묘한 환상의 플룻이다.

어느 날 출근길에서 2

안개 몸부림치는 아침 미등을 켠다
익숙한 길임에도
미로 속에 갇힌 듯 아득해지는 것은
백미러 속 웅크린 세월 때문은 아니다

꽃이라 믿었던 시간들 하수구로 떠내려가고
강둑 억새는
태풍에도 흔들릴 줄 모르는 파도를 돌돌 말아
담배를 피운다 억새가 태우는 연기에 잠시 현기증이 인다

보내는 나무는
바람의 채찍에도 아프다 하지 않고
떠나는 이파리는
슬픔이라 말하지 않는데
마지막 달력 한 장 명치끝에 걸려 아파온다

비명 없이 쓰러지는 안개
미등을 끈다
아우성치는 낯선 차량들 속 따라
마침내 길 보인다

노을처럼 눕다

하루를 지탱하는
버팀목으로
어설픈 시심 한 자락
서산에 걸어 놓았지만
부질없어라
어둠이 내려오기 전
푸른 바다에 잠기는
노을,
노을처럼 눕고 싶어라

비

서녘 하늘 황혼 보듯
너를 본다
긴 머리 곱게 빗어 내리고
다가오는 정결한 몸짓
눈물이라 하지 않으리

하늬바람에 입맞춤하는 순수
호수로 침잠하는 고요
쏟아지는 빛살에 네 모습 야위어도
세상의 더러움 아픔으로 삭이었으니
떠나가는 뒷모습
어찌 눈물이라 할까.

손금, 지우다

어릴 적 장난삼아 본 손금!
특이하다 했습니다
꽃 지고 피는 계절 수십 번 되풀이 하며

격정적인 파도 광기로 일렁이던
그 바다의 기억과
잔잔한 표정 속에 깊은 고뇌를 숨긴 채
밤이면 산 노을 품어 뒹굴던
그 호수의 비릿한 열망을 눈물로 씻어 내리고

심호흡 하며 눈 떠 보니
지금껏 걸어온 길이 손바닥 안에 그대로 그려져 있습니다
작고 작은 이 손 안에
그토록 아픈 삶이 숨어 있는 줄 몰랐습니다

먼 길 돌고 돌아
나 이제 서 있는 곳
흉터처럼 깊게 패인 손금의 이랑마다
비를 뿌려 손금을 지웁니다
지우고 지운 자리에 햇살 한 줌 뿌리고 싶습니다.

살다 보면

살다 보면
뾰얗게 내려오는 겨울 햇살이
빗줄기로 젖어들어 열꽃 피울 때 있지

퇴근길 우체통에 웅크리고 앉아 있는 통지서 한 장
몇 조 몇 항의 견고한 용어들이 소복 입고 우왕좌왕

사금파리처럼 금 간 시간들
쨍그랑 쨍 쏴~~~
좁은 혈관을 빠르게 휩쓸고 가는 겨울 회오리

지금 서 있는 곳은 어디인가

살다 보면
반쪽의 사랑과 절름발이 삶에
멈추지 않는 딸꾹질 삼키며
상복 입은 통지서에 하루를 맡길 때도 있는 거지.

너를 기다리며

순백의 눈송이
지상에서 꽃으로 환생하는가
아름다워라
안개꽃으로 만발한 세상

잃어버린 줄 알았던 계절은
옷매무새 고치며 돌아오는데
내게는 돌아올 아무것도 없이
그리움만 가득하여라

온다는 편지만 없었어도
이렇게 쓸쓸하지는 않았을 것을
기다려달라는 너의 사연에
나는 외로운 사슴이 되고

네 발자국 소리 들리는 듯하여
급히 창문을 열어보면
바람에 흩어지는 눈물어린 소망들
소리 없이 가슴을 적시는 눈꽃은
세상을 살아가기 위한 네 조용한 울음인가

동백나무

찬란한 봄날
자살을 꿈꾸는 너의 심장은
일 년 삼백육십오일 겨울인 줄만 알았어

감빛 물드는 나이테
몇 바퀴 돌고 돌다
희미해진 기억 쓸어 넘기는데

시린 하늘 아래에서
꽃잎 떼어낸 너의 가슴
아, 붉은 상처 지는 자리에서
움트는 새순

잊을 수 없는 너의 눈빛

잡초라는 이름에게

깊은 어둠의 계절 속에서도 꿈을 키워
봄이라는 희망 앞에서 설렘으로 하늘 향해 눈을 떴거늘
단지 잡초라는 이름으로 하여
어린 너를 잔인하게 뽑아 버린다.
자세히 보면 아주 작지만 예쁜 꽃을 피웠고
그 향기 또한 화려한 다른 꽃들에 뒤지지 않는데
너의 운명은 서럽구나
훗날 화초보다 더 크게 자란다면
우리는 너에게 지독한 약을 뿌리며
너와의 인연을 끊으려 하겠지
살아가면서 가끔은
이렇게 버려야 하는 인연도 있다는 것을 알기에
오늘도 너를 버리며
태연스레 하늘을 본다.

정신병동

혼란스런 의식 속에서
가위 눌리던 5월,
그 난간에서 짓밟히던
너의 하얀 미소

세상은,
꽃처럼 아름다운 너를
이슬보다 순결한 너를
하얀 집에 가두며
정신병자라고 했다

철문 닫히는 소리
하늘을 가르던 그날
네가 없는 창살 밖 세상은
희망이 난자당한
정신병동이었다.

첫눈

더 이상 어둠 속에서만 반짝이는
별은 되기 싫어
신 새벽 하얀 날갯 짓으로 내려오는
그대

지상에 내려오는 첫 걸음
수줍어 머뭇거리더니
이젠 함박웃음으로 달려와

청솔가지에 꽃이 되고
빈 나뭇가지에 희망으로 피는
그대
이 땅의 순결한 영혼.

행여, 길을 잘못 들어
바다에 잠겨 꽃이 될 수 없다 해도
서러워 마세요
흐르는 모든 꿈은 바다로 향하니까요.

이런 詩를 쓰고 싶다

알싸한 향 내음 나는

촉촉이 젖어드는 눈물 같은

뺨 위를 간지럽게 하는 안개 같은

달빛에 반사되어

푸르게 출렁이는 잔파도 같은

여린 미소로 하늘거리는 코스모스 같은

은은하면서 아릿한

그대의 향기 같은

사진 속의 나

사진을 봅니다

영롱한 이슬 보면
햇살로 반짝이고 싶고

파란 하늘 보면
뭉게구름 되어 날고 싶고

꽃잎 떨어지면
저려오는 가슴으로 눈물짓는
아직도 마음은 소녀인데

사진 속의 나는
둥그런 나이테를 한 아름 안고 있습니다

찾아야 할 독사진은
세월 속으로 꼭꼭 숨어 버리고

사진 속 내 옆에서는 언제나
아이들이 웃고 있습니다.

어떤 변명

봄이었다, 잔인하다고 하는 사월이었나. 그때는 봄에 지는 동백을 몰랐고, 사월에도 지는 꽃들이 많다는 것을 몰랐다. 막연히 훗날을 기약하자는 한 마음에 이끌려 깊고 깊은 산 속, 겨울의 잔재가 수북이 쌓여 사람들 발자국 없는 그곳에 따라갔다. 함께였지만 손 내밀어 잡을 수 없는 꿈결 같은 그곳, 겨울잠 자는 대지에 입김을 불어 씨앗을 심고 초록의 꿈이 움트길 소망하며 꿈을 키웠던 곳, 여름날의 열정은 온 산을 푸른 바람으로 흐르게 했고, 가을엔 농익은 그리움 꽃피웠다. 꽃이 지고… 피고… 지는 꽃잎보다 먼저 어떤 이파리는 제 무게에 겨워 그곳을 떠나고 있었지. 그렇게 떠났다. 떠남이야 어떤 이유였건 이제는 떠나온 그곳, 문은 항상 열려 있지만 선뜻 문 안으로 들어가지 않는 것에는 이유가 없다. 단지 조금 멀리서 바라보고 싶었을 뿐… 하여, 어느 날 문득 돌아보며 발아래에서 묵은 추억 회상하며 빙그레 미소 짓는 한 잎의 낙엽이 좋았을 뿐, 그것이 이유였다.

벚꽃, 지다 2

순백의 삶도 부질없어라

사월의 모래바람 속에서

부고 장 되어 흩날리니.

상처

온실 속에서
여과된 햇살로만 자라온
란蘭
모래밭 지나서
자갈밭에 서니
작열하는 태양도
너에게는
상처가 된다.

어머니

사막에서의 깊은 한숨
바람꽃 타고 왔나요
당신의 고운 날개
황혼 빛으로 물들었네요

내게도 푸른 시절 있었노라
회상하는 산마루에는
관절염으로 몸 기우는
그믐달

핏기 잃은 새벽 달빛 따라
눈물꽃 뿌리며
훠이훠이 강 건너는
고추잠자리

어머니
당신을 닮았습니다
부디 건강하세요

거듭나기

— 페인트칠을 하며

이사를 하면서 씽크대 타일 도배는 새 단장을 했지만
미처 방문을 손보지 못했는데
차일피일 미루다 오늘에서야 페인트와 붓을 사왔다

실바람에 설레고
눈보라 견디며
푸른 열망으로 꿈꾸었을 너!

환생하고 싶었을까
생명의 불 꺼진 지 오래건만
사람 사는 집에 들어와

가장 밝은 곳에 있으면서도
부재중인 듯 외면당하며
칠 벗겨지고 낡아 신음하는 너의 몸에
연보라빛 꽃을 그린다

칙칙한 내 마음에도 붓칠을 한다
거실 가득 만발한 꽃
그 향기에 취해 잠드는
사월의 오후.

빈 커피 잔에 머무는 바람
오영란 시집

발15일 | 2011년 11월 30일

지 은 이 | 오영란
발 행 인 | 李憲錫
발 행 처 | 오늘의문학사
출판등록 | 제55호(1993년 6월 23일)

주 소 | 대전광역시 동구 삼성1동 125-6 한밭오피스텔 401호
전화번호 | (042)624-2980
팩시밀리 | (042)628-2983
홈페이지 | http://www.lito77.co.kr(홈페이지)
전자우편 | hs2980@hanmail.net
공 급 처 | 한국출판협동조합
주문전화 | (070)7119-1741~2
팩시밀리 | (031)944-8234~6

ISBN 978-89-5669-469-6
값 7,000원